CIENCIA
ASOMBROSA

El ojo
de la
tormenta

Un libro sobre huracanes

por Rick Thomas
ilustrado por Denise Shea
Traducción: Sol Robledo

Asesor de contenido: Daniel Dix, Meteorólogo Ejecutivo,
The Weather Channel

Asesora de lectura: Susan Kesselring, M.A., Alfabetizadora
Rosemount-Apple Valley-Eagan (Minnesota) School District

PICTURE WINDOW BOOKS
Minneapolis, Minnesota

Dirección ejecutiva: Catherine Neitge
Dirección creativa: Terri Foley
Dirección artística: Keith Griffin
Redacción: Patricia Stockland
Diseño: Nathan Gassman
Composición: Picture Window Books
Las ilustraciones de este libro se crearon con medios digitales.
Traducción y composición: Spanish Educational Publishing, Ltd.
Coordinación de la edición en español: Jennifer Gillis/Haw River Editorial

Picture Window Books
5115 Excelsior Boulevard
Suite 232
Minneapolis, MN 55416
877-845-8392
www.picturewindowbooks.com

Impreso en los Estados Unidos de América.

Library of Congress Cataloging-in-Publication Data

Thomas, Rick, 1954-
[Eye of the storm. Spanish]
El ojo de la tormenta : un libro sobre huracanes /
por Rick Thomas ; ilustrado por Denise Shea ;
traducción, Sol Robledo.
p. cm. — (Ciencia asombrosa)
Includes bibliographical references and index.
ISBN-13: 978-1-4048-3214-5 (library binding)
ISBN-10: 1-4048-3214-9 (library binding)
ISBN-13: 978-1-4048-2543-7 (paperback)
ISBN-10: 1-4048-2543-6 (paperback)
1. Hurricanes—Juvenile literature.
I. Shea, Denise, ill. II. Title.
QC944.2.T4618 2007
551.55'2—dc22   2006027212

Contenido

Sopla una brisa cálida y suave. A la playa llegan
olas chicas que cubren la arena de espuma.
Las nubes gigantes de la madrugada son rosadas,
rojas y doradas.

Lejos, mar adentro, se está formando un huracán.

Tormentas tropicales

Millones de gotitas de agua llenan el océano Atlántico. La luz solar tropical calienta el agua. El agua sube al aire en forma de vapor.

Las nubes de lluvia forman tormentas tropicales. Después las tormentas se dispersan. Las tormentas tropicales son el principio de un huracán. Los huracanes siguen creciendo. Se alimentan del aire caliente que se mueve en círculos y de la gran cantidad de agua del mar.

¡Un huracán!

En medio del océano Atlántico se crean pequeños disturbios tropicales sobre el ecuador. El aire caliente del ecuador sube, baja y se mueve en círculos. Cuando una tormenta entra en esos círculos de aire, crece y se hace más fuerte.

Aparecen nubes negras. El viento circular de la tormenta atrae las nubes, como cuando el agua se va por la coladera. Se juntan más nubes de tormenta y crecen. Se chocan y se agrupan. Todas juntas forman un sistema de tormentas grande. Cuando sus vientos llegan a la velocidad de 74 millas (118 kilómetros) por hora, decimos que es un huracán.

Paredes de viento

El cielo del mar se vuelve negro.
El grupo de tormentas crea una
potente pared de viento.

El viento de la tormenta empuja
las olas hacia las costas. Aunque
los huracanes giran, se mueven
en una dirección.

El huracán se aleja lentamente desde donde se formó. El viento lo empuja hacia tierra.

Señales de tormenta

Las nubes doradas que cruzaban el cielo ahora son una gran cortina gris oscura. La fuerza del viento aumenta. Las olas golpean más rápido la arena. Todo esto significa que el huracán se acerca.

Ningún pájaro canta.
Las aves se fueron hace días.
Las brisas les avisaron que el huracán
venía. Muchas personas también se
van tierra adentro. En las islas tropicales
es más difícil irse.

El huracán azota

Al día siguiente el huracán llega a la costa. El huracán pierde fuerza cuando llega a tierra. Ya no tiene el agua profunda del mar para alimentarse.

Pero una isla no puede parar un huracán. Hay mucha agua a su alrededor. Fuertes vientos doblan los árboles. Llegan olas enormes. La tormenta arranca los techos de las casas y se lleva los carros. Los cables de electricidad se caen. Las olas se llevan los barcos tierra adentro.

El ojo del huracán

Un huracán dura horas y horas. Crece y suena más fuerte. La lluvia aumenta.

De pronto, la furia se calma. Nada se mueve. Arriba en el cielo, se ve un grupo de estrellas rodeadas por oscuridad. Este es el centro de la tormenta, el ojo del huracán, que pasa por la tierra.

La calma sólo dura unos minutos.
Después la tormenta será tan fuerte
como antes. Pero ahora los vientos
correrán en dirección contraria.

La inundación

El viento y el agua causan muchos daños. Durante el huracán cae lluvia a chorros. Los vientos empujan una gran pared de agua a tierra. Las olas pueden tapar una casa de dos pisos, y llevarse carros, edificios y personas.

Los vientos se calman cuando el huracán pasa. Las nubes se despejan. Pero los daños y la inundación quedan.

Después de la tormenta

Unas nubes color verde claro cubren el cielo. Volaron techos. Cayeron árboles. Hojas mojadas cubren ventanas y paredes. En las calles hay agua, vidrios quebrados y cables de electricidad.

Pero el huracán ya acabó. Regresan las aves.

Cómo protegerse

La mayoría de las personas se van de su casa antes de un huracán. Pero no todos tienen adónde ir ni pueden irse a tiempo. Para los que no puedan irse, estas recomendaciones son importantes.

- Poner cinta adhesiva en forma de X en las ventanas. Si el viento las quiebra, la cinta evitará que los pedazos vuelen.

- Acumular agua en ollas, fregaderos y trastes. Los huracanes producen inundaciones que dañan las tuberías, tiran las torres de agua o llenan las tuberías de agua de mar. Hay que tener agua para tomar y asearse. También hay que tener agua para los animales de la casa.

- Bloquear las ventanas y las puertas con muebles pesados o con tablas.

- Revisar las baterías del radio. Si la electricidad se va, el radio dará información sobre el huracán.

- Quedarse dentro de la casa hasta que el huracán se vaya. La policía, la Guardia Nacional y la Cruz Roja se encargarán de ayudar a quien lo necesite.

Sobre huracanes

- En Norteamérica y Centroamérica la temporada oficial de huracanes empieza el 1 de junio y termina el 30 de noviembre. Pero pueden formarse huracanes en cualquier época del año.

- El agua y los vientos crean unos 50 huracanes cada año.

- Los huracanes se mueven lentamente. Los expertos en huracanes advierten que se acerca un huracán días antes de que llegue.

- Las advertencias salvan muchas vidas, pero los huracanes matan. En 1995, el huracán Mitch pasó por Honduras y Nicaragua, y mató a más de 10,000 personas.

- En 1950 empezamos a nombrar los huracanes. Siempre eran nombres de mujer en inglés. Ahora, también tienen nombre de hombre, y se alternan en inglés, español y francés. Los huracanes también se llaman ciclones.

Glosario

agrupar—juntar

brisa—viento suave

disturbio—interrupción

ecuador—línea imaginaria que rodea la Tierra entre los dos polos y la divide en dos partes

tierra adentro—zona lejos de la costa

tropical—clima cálido

vapor—agua en forma de gas que no se ve

Aprende más

En la biblioteca

Barrett, Norman. *Huracanes y tornados.*
Inglaterra: Franklin Watts, 1990.

Cole, Joanna. *El autobús mágico dentro
de un huracán.* Nueva York: Scholastic, 1996.

Hopping, Lorraine Jean. *Huracanes.*
Nueva York: Scholastic, 1999.

En la red

FactHound ofrece un medio divertido
y confiable de buscar portales de la red
relacionados con este libro. Nuestros
expertos investigan todos los portales
que listamos en FactHound.

1. Visite *www.facthound.com*
2. Escriba una palabra relacionada con este
   libro o escriba este código: 1404809287
3. Oprima el botón FETCH IT.

¡FactHound, su buscador de confianza,
le dará una lista de los mejores portales!

Índice

Busca más de la serie Ciencia asombrosa

Copos y cristales: Un libro sobre la nieve

¡Juush! ¡Ruum!: Un libro sobre tornados

¡Rambum! ¡Pum!: Un libro sobre tormentas

Sopla y silba: Un libro sobre el viento

¡Splish! ¡Splash!: Un libro sobre la lluvia